나이팅게일

일러두기

1. 이 시리즈는 영국 Franklin Watts 출판사의 「Famous People Famous Lives」 시리즈를 기반으로 국내 창작물을 덧붙인 초등학교 저학년 대상의 인물 이야기입니다.
2. 초등학교 저학년이 이해하기 힘든 사건이나 사실들은 편집부에서 설명을 덧붙였습니다.
3. 사람 이름이나 지역 이름 등 외국에서 들어온 말은 국립 국어원의 외래어 표기법을 따랐습니다.

Famous People Famous Lives
FLORENCE NIGHTINGALE
by Emma Fischel and illustrated by Peter Kent

Text Copyright ⓒ 1997 by Emma Fischel
Illustrations Copyright ⓒ 1997 by Peter Kent
All rights reserved.

Korean Translation Copyright ⓒ 2009 by BIR Publishing Co., Ltd.
Korean translation edition is published by arrangement with Franklin Watts,
a division of the Watts Publishing Group Ltd. through Imprima Korea Agency.

이 책의 한국어판 저작권은 Imprima Korea Agency를 통해 저작권사와 독점 계약한 **(주)비룡소**에 있습니다.
저작권법에 의해 한국 내에서 보호를 받는 저작물이므로 무단 전재와 무단 복제를 금합니다.

나이팅게일

에마 피시엘 글 피터 켄트 그림 이민아 옮김

비룡소

플로렌스 나이팅게일은 1820년 5월 12일, 이탈리아 피렌체에서 태어났어요. 플로렌스라는 이름은 이탈리아의 도시 피렌체의 영어 이름을 따서 지은 거예요.
　언니 파세노프의 이름은 나폴리의 옛 이름을 딴 것이었지요.

영국의 부유한 귀족 딸로 태어난 나이팅게일은 더비셔의 큰 집에 살았어요. 날씨가 추워지는 늦가을부터 이듬해 봄까지는 따뜻한 햄프셔의 별장에서 지냈지요.

나이팅게일은 장난감과 인형을 원하는 만큼 가질 수 있었고, 귀여운 반려동물들도 맘껏 기를 수 있었어요.

나이팅게일이 살던 때에는 살림이 넉넉해도 여자아이에게는 공부를 시키지 않았어요.

하지만 나이팅게일의 아버지는 달랐어요. 아버지는 나이팅게일에게 세계 여러 나라의 언어와 역사, 수학, 철학 등을 가르쳐 주었어요. 덕분에 나이팅게일은 여러 나라의 많은 책을 읽을 수 있었고, 글쓰기와 토론을 좋아하게 되었지요.

어머니는 그런 나이팅게일이 걱정이었어요. 똑똑한 여자는 남자들에게 인기가 없다고 생각했거든요. 어머니는 나이팅게일에게 글쓰기와 역사보다는 피아노 연주와 뜨개질, 꽃꽂이를 가르치고 싶어 했지요.

1837년, 열일곱 살이 된 나이팅게일은 가족들과 함께 유럽 여행을 떠났어요. 나이팅게일은 일 년 칠 개월 동안 프랑스, 이탈리아, 스위스 등 여러 나라를 여행하며 다양한 문화를 경험하고 많은 사람들을 만났어요.

가난하고 병든 사람들이 어렵게 살고 있는 모습을 처음으로 본 나이팅게일은 큰 충격을 받았어요.

하지만 영국으로 돌아오자 다시 화려한 옷을 차려입고 파티에 나가야 했어요.

나이팅게일은 파티가 재밌지 않았어요. 자신이 해야 할 일이 다른 데 있다고 생각했지요.

"어머니, 이제 파티는 그만 갈래요. 저는 가난하고 아픈 사람들을 돕고 싶어요."

부모님은 펄쩍 뛰었어요. 나이팅게일이 얼른 좋은 남자를 만나 결혼하기를 바랐거든요.

나이팅게일은 형편이 어려워서 치료받지 못하는 사람들의 집을 찾아가서 그들을 돌보았어요. 언젠가는 부모님도 자신을 이해해 줄 거라고 생각하면서요.

환자들을 돌보기 위해서는 알아야 할 게 많았어요. 나이팅게일은 큰맘 먹고 아버지에게 말씀드렸어요.

"아버지, 병원에서 간호사로 일하고 싶어요."

아버지는 크게 화를 냈어요. 간호사는 사람들이 천하게 여기고 무시하는 직업이었거든요. 당시만 해도 병원은 가난한 사람들이 가는 곳이었지요. 귀족들은 의사를 집으로 불러 치료를 받았어요.

어머니도 펄쩍 뛰며 호통쳤어요.

"간호사를 하겠다고? 부끄러운 줄 알아라! 차라리 부엌데기를 하지 그래!"

나이팅게일의 부모님은 여행을 하다 보면 생각이 달라질지도 모른다고 생각했어요. 그래서 나이팅게일을 이탈리아로 보냈지요.
　이탈리아에서 나이팅게일은 전에 영국의 장관을 지낸 시드니 허버트를 만났어요. 허버트와 그의 아내는 가난하고 병든 사람들을 돕고 있었어요.

시드니 허버트
영국 여왕의 신하

　허버트는 간호사가 되고 싶다는 나이팅게일의 말을 듣고 힘을 북돋워 주었어요.
　"나이팅게일, 아픈 사람을 간호하는 일에는 당신 같은 사람이 꼭 필요해요. 이 책들부터 읽어 보세요. 도움이 될 거예요."
　나이팅게일은 그 책들을 가져와서 열심히 공부했어요.

책을 읽는 동안 나이팅게일은 병원 환경을 좋게 바꾸고, 간호사들을 제대로 교육해야겠다고 마음먹었어요.

스물아홉 살에 나이팅게일은 리처드 밀즈라는 멋진 청년에게 청혼을 받았어요.
　나이팅게일은 재미있고 다정한 리처드가 좋았지만 결혼을 하면 간호사 일을 제대로 할 수 없을 거라고 생각했어요.
　"내 꿈은 훌륭한 간호사가 되는 거예요. 결혼을 하면 훌륭한 간호사 대신 좋은 아내가 되어야 하겠죠. 그래서 당신의 청혼을 받아들일 수 없어요."

나이팅게일의 어머니는 불같이 화를 냈어요.

"아무래도 너를 외국으로 보내야겠다. 그렇지 않고서는 간호사가 되겠다는 생각을 네 머릿속에서 지울 수 없겠어!"

하지만 그 방법도 소용없었어요.

1851년 독일에 간 나이팅게일은 카이저스베르트 병원에서 아픈 사람들을 돌보며 간호사가 되기 위한 교육을 받았거든요.

　카이저스베르트 병원에서 나이팅게일은 매일 아침 다섯 시에 일어나 밤늦게까지 환자들을 돌보았어요. 딱딱한 바닥에서 여러 사람들과 함께 잠을 자고 입맛에 맞지 않는 음식을 먹을 때면 집이 그립기도 했어요. 하지만 힘없는 사람들을 위해 일하겠다는 나이팅게일의 결심은 바뀌지 않았지요.

나이팅게일은 환자들을 정성껏 보살폈어요.

1853년 런던의 한 자선 병원에서 나이팅게일에게 병원을 맡아 달라고 부탁했어요. 사람들은 귀족 집안 아가씨인 나이팅게일이 환자들을 잘 보살필 수 있을까 의심했어요. 하지만 얼마 지나지 않아 모두들 감탄하게 되었지요.

병원을 맡은 나이팅게일은 여러 가지 계획을 세웠어요. 먼저 침대 덮개를 깨끗한 것으로 모두 바꾸고, 환자가 아프면 언제든지 간호사를 부를 수 있도록 병실마다 종을 달았어요.

얼마 후 콜레라라는 무서운 전염병이 돌아 많은 간호사들이 겁을 먹고 도망갔어요. 하지만 나이팅게일은 오히려 콜레라 환자들이 많은 큰 병원으로 가서 환자들을 돌보았지요.

가족들은 나이팅게일이 콜레라에 걸릴까 봐 걱정했지만 나이팅게일은 몸을 아끼지 않고 환자들을 돌보았어요.

1853년 3월, 러시아와 터키 사이에 '크림 전쟁'이 터졌어요. 9월이 되자 영국과 프랑스는 터키를 돕기 위해 크림반도로 가서 러시아에 맞서 싸웠어요.
　전쟁에 뛰어든 지 엿새 만에 영국과 프랑스는 '알마 강 전투'에서 러시아에 큰 승리를 거두었어요.

하지만 승리의 기쁨은 오래가지 못했어요. 끔찍한 기사가 난 거예요.

'치열한 싸움으로 죽거나 부상당한 병사들이 대단히 많다. 그들은 스쿠타리 병원으로 보내졌다. 하지만 그곳에는 침대와 이불, 붕대도 없어서 병사들이 먼지투성이 바닥에 쓰러져 피 묻은 담요를 덮고 있다. 게다가 간호사가 부족해서 병사들은 제대로 간호도 받지 못한 채 죽어 가고 있다.'

기사를 읽은 나이팅게일은 스쿠타리 병원으로 가서 병사들을 간호해야겠다고 마음먹었어요.

나이팅게일은 먼저 이탈리아 여행 중에 알게 된 시드니 허버트에게 편지를 썼어요. 당시 시드니 허버트는 영국 국무 장관으로 일하고 있었어요.

허버트 선생님,
제가 스쿠타리 병원으로
가서 아픈 병사들을
돕고 싶어요.
그렇게 할 수 있게
도와주세요.

나이팅게일 올림

그런데 그때 시드니 허버트도 나이팅게일에게 편지를 쓰고 있었어요.

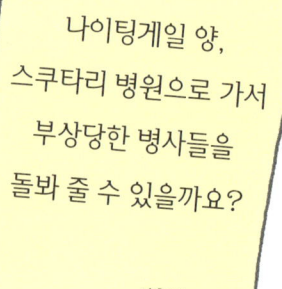

나이팅게일 양,
스쿠타리 병원으로 가서
부상당한 병사들을
돌봐 줄 수 있을까요?

허버트 씀

시드니 허버트의 편지를 받은 나이팅게일은 1854년 10월 21일, 간호사 서른여덟 명과 함께 런던을 떠났어요.

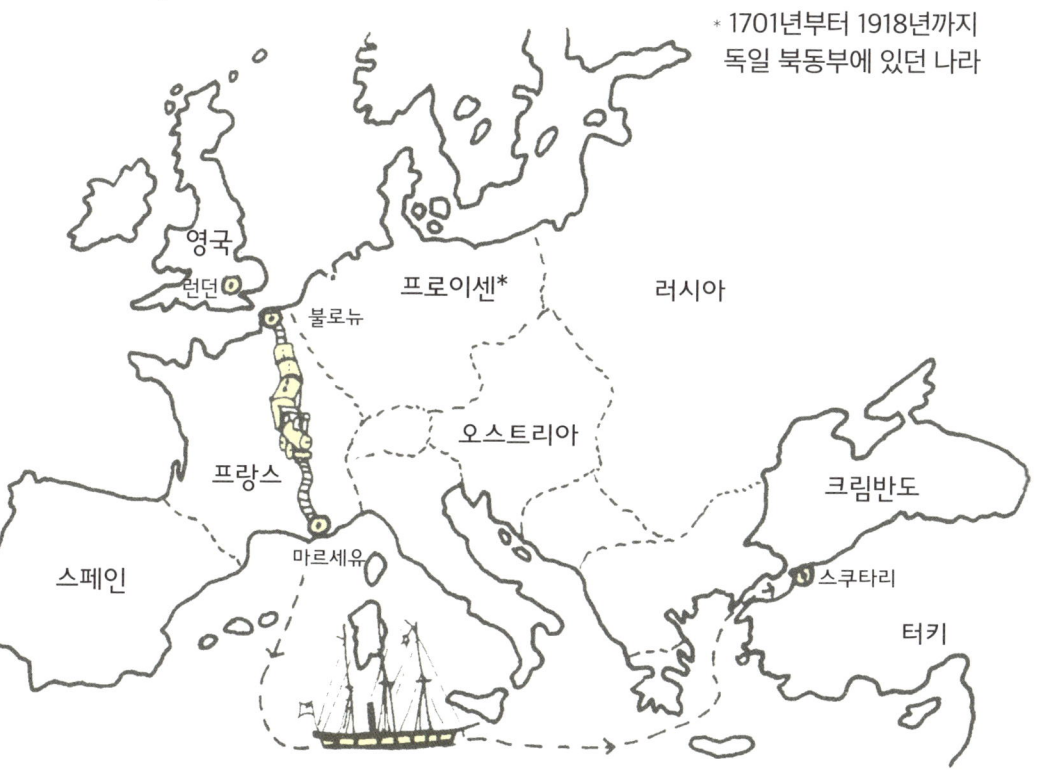

* 1701년부터 1918년까지 독일 북동부에 있던 나라

나이팅게일과 간호사들은 불로뉴를 거쳐 기차를 타고 마르세유로 가서 다시 배를 타고서 마침내 11월 4일, 스쿠타리에 도착했어요. 그때 나이팅게일은 서른네 살이었어요.

스쿠타리 병원은 병원이라고 하기도 어려운 곳이었어요. 햇빛이 잘 들지 않는 건물은 하루 종일 어두컴컴했어요. 습기가 찬 병실은 눅눅했고 나쁜 냄새도 났어요.

쥐와 벼룩이 들끓는 데다 먹을 것도, 붕대도, 비누도 없었어요. 병원에 콜레라가 돌았지만 콜레라를 낫게 할 약도 없었어요. 입원한 병사들은 다친 데가 낫기는커녕 상태가 더 나빠졌지요. 바닥 곳곳에서 부상당한 병사들이 앓고 있었고, 다친 병사들이 계속해서 들어왔어요.

　나이팅게일은 무엇보다 환자들이 깨끗한 곳에서 치료를 받아야 한다고 생각했어요. 그래서 다른 간호사들과 함께 병원을 깨끗이 청소했어요. 환자들의 더러운 옷을 세탁하고, 환자들에게 필요한 붕대와 베개도 만들었지요.

또한 나이팅게일은 병사들의 상태에 따라 적절한 식사를 준비하도록 했어요.

바쁜 일과가 끝나고 다른 간호사들이 잠을 자는 시간에도 나이팅게일은 병원 환경을 좋게 바꾸기 위해 힘썼어요.

하지만 병원에서는 날마다 새로운 문제가 터졌어요. 음식 재료로 쓸 양배추가 썩어서 들어왔고, 추운 날씨 때문에 화장실이 얼기도 했지요. 그 문제들을 해결하기 위해서는 몸이 열 개라도 부족했어요.

　게다가 어떤 의사들과 군인들은 나이팅게일을 탐탁지 않게 여겼어요.
　그들은 나이팅게일을 손가락질하며 말했어요.
　"여자가 뭘 알아? 어디 얼마나 견디나 두고 보자고."
　하지만 나이팅게일은 사람들의 말에 흔들리지 않고 자신이 해야 할 일을 묵묵히 해 나갔어요.
　그 결과 병원 환경은 차츰 좋아졌고 나이팅게일을 탐탁지 않게 여겼던 사람들도 감탄하게 되었어요.

처음에는 무뚝뚝했던 병사들도 나이팅게일을 좋아하게 되었어요. 나이팅게일은 병사들의 병을 낫게 하기 위해서라면 어떤 일도 마다하지 않았어요.

나이팅게일은 병사들이 지루하지 않도록 책과 놀 것을 보내 달라고 영국 정부에 부탁했어요. 프랑스 정부에는 요리사를 보내 달라고 했지요. 글을 쓸 줄 모르는 병사들을 위해서 편지도 대신 써 주었어요.

　나이팅게일은 한밤중에도 깜깜한 병실에 등불을 들고 돌아다니며 혹시 아픈 병사는 없는지 일일이 상태를 살폈어요. 병사들은 나이팅게일을 어머니처럼, 누나처럼 여겼어요. 어떤 병사들은 잠을 자지 않고 나이팅게일을 기다리기도 했지요.
　그들은 나이팅게일을 '등불을 든 간호사'라고 불렀어요.

스쿠타리 병원이 자리를 잡자 나이팅게일은 한창 전쟁이 벌어지고 있는 크림반도로 떠났어요.

대포 소리가 끊임없이 들려오는 그곳에서 나이팅게일은 불볕더위와 무서운 전염병에도 아랑곳하지 않고 환자들을 간호했어요.

결국 나이팅게일은 열병에 걸려 쓰러지고 말았어요.

나이팅게일이 아프다는 소식은 신문을 통해 스쿠타리와 영국에까지 전해졌어요. 많은 사람들이 나이팅게일의 병이 낫기를 기도했어요. 덕분에 나이팅게일은 곧 병을 털고 일어났어요.

1856년 크림 전쟁이 끝나자 나이팅게일은 고향으로 돌아가기로 했어요. 영국에서는 나이팅게일을 환영하기 위해서 큰 잔치를 준비하고 있었지요.
　하지만 나이팅게일은 나라에서 보내 준 군함을 거절하고 외국 배를 타고 조용히 돌아왔어요. 이름까지 바꾸고 왔기 때문에 아무도 나이팅게일을 알아보지 못했어요.

그해 10월, 영국 빅토리아 여왕은 나이팅게일을 스코틀랜드로 초대했어요.

여왕을 만난 나이팅게일은 스쿠타리에서 부상당한 병사들이 제대로 치료받지 못하고 죽어 가던 끔찍한 일들을 이야기했어요. 또 군대에서 병사들의 건강을 잘 지키고 병을 예방할 수 있는 방법에 대해 말했지요.

여왕은 나이팅게일의 말을 듣고 크게 감동했어요.
"나이팅게일의 풍부한 지식과 강한 정신력은 대단히 훌륭합니다."
나이팅게일의 영향으로 1857년 5월에 군인들의 건강을 위한 왕립 위원회가 세워졌어요. 군인들을 위한 의사와 간호사를 길러 내는 군의 학교도 세워졌지요.

여왕님, 군대에 깨끗한 의료 시설을 만들어야 합니다.

나이팅게일은 아픈 사람들뿐만 아니라 가난한 사람들에게도 관심을 가졌어요. 가난한 사람들이 한데 엉켜 사는 빈민가는 전염병이 돌기 쉬웠거든요.

　나이팅게일은 가난한 사람들의 건강을 해치는 문제가 무엇인지를 알아내고, 해결할 방법을 찾았어요. 하지만 영국 정부는 그런 문제에 관심이 없었어요.
　나이팅게일은 끈질기게 정부를 설득했어요. 사람들도 점차 나이팅게일이 하는 말에 귀를 기울이기 시작했지요.

하지만 허버트는 나이팅게일이 걱정되었어요.
"나이팅게일, 당신은 너무 많은 일을 하는군요."
"아직도 해야 할 일이 많아요. 우리가 조금만 관심을 가지면 병과 굶주림으로 고통 받는 사람들을 더 많이 살릴 수 있는걸요. 인도 사람들의 건강 문제에 대해서도 말씀드릴 게 있어요."

당시에 영국이 다스리고 있던 인도에서는 수백만 명이 병과 굶주림으로 죽어 갔어요.

나이팅게일은 인도 사람들이 어떤 환경에서 지내는지 알기 위해 인도 의사들에게 편지를 보냈어요.

많은 의사가 답장을 보내왔어요. 나이팅게일은 답장을 읽고 인도의 문제에 대해서 자그마치 천 장이 넘는 보고서를 써냈어요.

그 결과 1868년, 영국이 인도를 다스리기 위해 세운 인도 총독부 아래에 위생국이 생겼어요. 위생국은 전염병을 예방하고 국민들의 건강을 지키기 위해 일하는 곳이었지요.

　나이팅게일은 오랫동안 아파 자리에서 일어나지 못했어요. 하지만 그냥 누워 있지만은 않았어요. 그동안 병원에서 환자들을 돌본 경험을 바탕으로 책을 쓰기 시작했지요. 그렇게 자리에 누운 채로 『병원에 관한 노트』, 『간호사 노트』 등의 책을 펴냈어요.

나이팅게일은 오랫동안 간호사를 교육하는 일에 관심을 가져왔어요. 마침내 런던의 성 토머스 병원에 나이팅게일 간호 학교가 세워졌어요.

학생들은 병원에서 살면서 잘 짜여지고 엄격한 교육을 받았어요. 그래서 이 학교를 졸업한 간호사들은 많은 사람들의 인정을 받게 되었지요.

이제 아무도 간호사를 천한 직업이라고 무시하지 않았어요. 오히려 간호사는 그때 여자들이 가장 바라는 직업이 되었지요.

1907년, 나이팅게일은 새로운 영국의 국왕 에드워드 7세에게 공로 훈장을 받았어요. 영국에서 여성이 공로 훈장을 받은 것은 나이팅게일이 처음이었지요.

1910년 8월 13일, 나이팅게일은 아흔 살에 세상을 떠났어요. 영국 사람들은 나이팅게일의 장례식을 웨스트민스터 사원에서 아주 크게 치르고 싶었어요.

　하지만 나이팅게일은 장례식을 검소하게 치르고 어린 시절에 살았던 햄프셔에 묻어 달라고 유언을 남겼어요. 그래서 장례식은 아주 조용히 끝났지요.
　병들고 가난한 사람들을 위해 몸과 마음을 다한 나이팅게일의 사랑은 사람들 마음속에 깊이 새겨졌어요. 오늘날에도 나이팅게일의 정신을 이어가기 위한 노력은 계속되고 있답니다.

♣ 사진으로 보는 나이팅게일 이야기 ♣

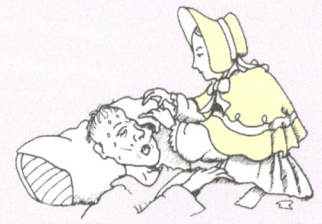

등불을 든 간호사

플로렌스 나이팅게일의 모습이에요.

　1853년 3월, 러시아가 터키에 쳐들어가면서 크림 전쟁이 시작되었어요. 그해 9월 영국과 프랑스 군인은 터키를 돕기 위해 전쟁터로 가서 싸웠어요. 결국 1856년에 러시아가 전쟁에서 지면서 전쟁은 끝났지요.
　크림 전쟁 중에 많은 병사들이 치료도 제대로 받지 못하고 죽어 갔어요. 이 소식을 들은 나이팅게일은 간호사 서른여덟 명을 이끌고 전쟁터에 있는 스쿠타리 병원으로 갔어요. 그리고 자신이 가지고 온 식량을 제공하고, 자

크림 전쟁 당시 모습이에요. 전쟁 중에 부상당하거나 병에 걸린 병사들에 대한 끔찍한 기사가 전해지자 영국인들은 너무나 놀랐어요.

신의 돈으로 필요한 물자들을 샀어요. 세탁 시설을 만들어서 환자들의 더러운 옷을 세탁하고, 주방 다섯 개를 만들어서 부상이 심한 병사들에게 영양가 높은 음식을 요리해 주기도 했고요. 나이팅게일은 술을 마시거나 규칙을 지키지 않는 간호사는 집으로 돌려보냈어요.

 나이팅게일이 아픈 병사들을 몸과 마음을 다해 돌본 결과, 전에는 백 명 중 사십 명 꼴로 죽던 사망률을 백 명 중에서 두 명 꼴로 낮출 수 있었어요. 병사들은 한밤중에도 잠을 자지 않고 등불을 들고 다니며 아픈 병사들을 살피는 나이팅게일을 '등불을 든 간호사'라고 불렀지요.

나이팅게일이 바꾼 병원 환경

나이팅게일은 병원의 환경을 좋게 바꾸기 위해 많은 노력을 기울였어요. 병원의 창문을 여는 단순한 일부터 시작했지요. 그 시절에 사람들은 바깥 공기가 병에 걸리게 한다고 생각하고 창문을 꼭꼭 걸어 잠갔거든요. 또한 병원에 화장실을 만들고, 병실을 깨끗하게 하기 위해 늘 청소했어요. 그때는 화장실이 없는 병원도 많았거든요. 대신 침대 밑에 요강을 두었지요. 그런데 요강이 만날 차고 넘쳐도 비우지 않아서 병실이 더러워졌어요. 오히려 병원에서 다른 병에 걸리는 경우도 많았지요. 그리고 병실 침대들 사이에 칸막이를 세웠어요. 그전에는 다른 환자들이 다 보는 데서 수술을 하곤 했거든요.

나이팅게일은 병원 환경을 깨끗하게 하는 위생 문제에 큰 관심을 기울였어요.

세계 최초의 간호 학교

1860년 성 토머스 병원에 나이팅게일의 이름을 딴 세계 최초의 간호 학교가 세워졌어요. 나이팅게일의 평생 소원이 이루어진 것이죠. 이 병원은 크림 전쟁에서 나이팅게일이 한 일을 새기기

영국 런던에 있는 성 토머스 병원과 병원 안에 있는 나이팅게일 박물관이에요. 이곳에는 나이팅게일이 입었던 옷과 간호사복, 직접 쓴 간호 관련 책들, 나이팅게일의 사진들을 모은 앨범, 환자 치료에 사용한 약품 상자 등이 전시되어 있어요.

위해 국민들이 모은 돈으로 세워졌어요.

나이팅게일 간호 학교는 세 가지 목적을 가지고 있었어요. 병원의 간호사, 간호사를 가르칠 간호사, 병들고 가난한 지역 주민들을 간호할 간호사를 길러 내기 위한 목적이었지요.

처음엔 열다섯 명의 학생들을 뽑아서 가르치기 시작했어요. 간호사가는 병실의 침대 덮개를 바꾸고 환자들에게 밥을 주어야 하며 환자들의 병을 치료하기 위해 최선을 다해야 한다고 가르쳤지요. 또한 처음으로 간호사들에게 간호사복을 입게 하고, 간호사 시험을 치렀어요.

이 간호 학교를 나온 간호사들은 나이팅게일에게서 엄격한 교육을 받았기 때문에 많은 사람들의 인정을 받는 간호사가 되었어요. 이후 간호사는 전문 직업으로 인정받게 되었고, 그때 여성들이 가장 바라는 직업이 되었지요.

국제 적십자와 나이팅게일기장

스위스의 사업가 앙리 뒤낭은 크림 전쟁에서 나이팅게일이 몸과 마음을 다해 환자들을 돌보는 것을 보고 깊은 감동을 받았어요. 전쟁 중에 다친 사람들은 우리 편이든 상대편이든 가리지 않고 치료해 줘야 한다고 생각했지요. 그래서 1859년 '국제 적십자'를 세웠어요. 앙리 뒤낭은 적십자 운동의 아버지로 불리며, 그의 생일인 5월 8일을 적십자의 날로 정하여 기념하고 있어요.

국제 적십자를 세운 앙리 뒤낭은 1901년 제1회 노벨 평화상을 받았어요.

국제 적십자는 1912년부터 이 년에 한 번씩, 나이팅게일이 태어난 날인 5월 12일에 세계에서 가장 훌륭한 일을 한 간호사에게 '나이팅게일기장'을 주고 있어요. 이 상은 간호사들에게 가장 자랑스러운 상으로 여겨지지요. 우리나라에서는 1957년 이효정 간호사가 처음으로 수상한 이후, 지금까지 쉰여덟 명이 나이팅게일기장을 받았어요.

나이팅게일 선서

1. 나는 일생을 의롭게 살며 전문 간호직에 최선을 다할 것을 하느님과 여러분 앞에 선서합니다.
2. 나는 인간의 생명에 해로운 일은 어떤 상황에서도 하지 않겠습니다.
3. 나는 간호의 수준을 높이기 위해 전력을 다하겠으며, 간호하면서 알게 된 개인이나 가족의 사정은 비밀로 하겠습니다.
4. 나는 성심으로 보건 의료인과 협조하겠으며, 나의 간호를 받는 사람들의 안녕을 위하여 헌신하겠습니다.

온 세계의 간호 요원들이 똑같이 몸에 다는 표장이에요. 이것은 앙리 뒤낭의 나라인 스위스 국기와 모양이 같아요. 빨간색과 하얀색만 반대로 칠한 것이지요.

오늘날에도 간호사들은 나이팅게일의 위대한 정신을 이어받기 위해 나이팅게일 선서식을 하고 있어요.

함께 보면 쏙쏙 이해되는 역사

◆ 1820년
이탈리아 피렌체에서
태어남.

◆ 1853년
런던에 있는 자선 병원을
맡아 운영함.

◆ 1854년
크림 전쟁 중 스쿠타리
병원으로 감.

1820　　　　　　　　　　**1850**

◆ 1907년
영국 공로 훈장을 받음.

1890　　　　　　　　　　**1900**

 1899년
국제 간호 협의회(간호직과
간호사를 대변하는 공식 기구)가
만들어짐.

◆ 나이팅게일의 생애

● 세계 간호의 역사

◆ 1856년
전쟁이 끝나고 영국으로 돌아와 빅토리아 여왕을 만남.

● 1860년
런던 성 토머스 병원에 나이팅게일 간호 학교가 설립됨.

1855   **1860**

● 1857년
영국에서 군대 보건에 관한 왕립 위원회가 설립됨.

● 1868년
인도 총독부 아래에 위생국이 설립됨.

● 1859년
국제 적십자가 설립됨.

◆ 1910년
아흔 살의 나이로 세상을 떠남.

1910

● 1912년
국제 적십자에서 나이팅게일기장을 주기 시작함.

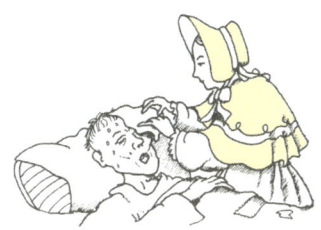

추천사

「새싹 인물전」을 펴내면서

요즈음 아이들에게 '훌륭한 사람'이 누구냐고 물으면 '돈 많이 버는 사람'이라고 대답한다고 합니다. 초등학생의 태반은 가수나 배우가 되고 싶어 하고요. 돈 많이 버는 사람이나 연예인이라는 직업이 나쁘다는 것이 아니라, 아이들이 각자가 갖고 있는 재능과는 상관없이 모두 똑같은 꿈을 갖는 것 같아 걱정입니다. 또 한편으로는 아이들이 진정 마음으로 닮고 싶은 사람에 대한 정보가 부족한 것은 아닌가 하는 생각도 듭니다.

어릴수록 위인 이야기의 힘은 큽니다. 아직 어리고 조그마한 아이들은 자신이 보잘것없다고 생각하고 위인들의 성공에 감탄합니다. 하지만 그네들에게는 끝없이 열린 미래가 있습니다. 신화처럼 빛나는 위인들의 모습은 아이들에게 훌륭한 역할 모델이 되고, 그런 삶을 살기 위해 무엇을 어떻게 해야 할지를 알려 주는 밝은 등대가 됩니다.

그렇다면 우리가 어른으로서 아이들에게 권해야 할 위인전은 무엇일까요? 보통 우리가 생각하는 '위인'은 훌륭한 업적을 남긴

위대한 사람, 멋지고 능력 있는 사람입니다. 하지만 시대가 변했으니 아이들이 역할 모델로 삼을 수 있는 위인의 정의나 기준도 변해야 할 것입니다.

　그런 의미에서 비룡소의 「새싹 인물전」은 종래의 위인전과는 다른 점이 많습니다. 시리즈 이름이 '위인전'이 아닌 '인물전'이라는 데 주목하기 바랍니다. 「새싹 인물전」은 하늘에서 빛나는 위인을 옆자리 짝꿍의 위치로 내려놓습니다. 만화 같은 친근한 일러스트는 자칫 생소할 수 있는 옛사람들의 이야기를 일상에서 만날 수 있는 재미있는 사건처럼 보여 줍니다.

　또 하나, 「새싹 인물전」에는 위인전에 단골로 등장하는 태몽이나 어린 시절의 비범한 에피소드, 위인 예정설 같은 과장이 없습니다. 사실 이런 이야기들은 현대를 사는 아이들에게는 황당하고 이해하기 힘든 일일 뿐입니다. 그보다는 천 리 길도 한 걸음부터, 큰 성공도 자잘한 일상의 인내와 성실함이 없었다면 이루어질 수 없었다는 것을 알려 주는 것이 중요합니다. 세상 사람들의 우러름을 받는 이들도 여느 아이들과 같은 시절을 겪었음을 보여 줌으로써, 아이들에게 괜한 열등감을 주지 않고 그네들의 모습을 마음속에 담을 수 있도록 해 주는 것입니다.

 덧붙여 위인전이란 그 인물이 얼마나 훌륭한 업적을 남겼는가 보여 주는 것도 중요하지만, 얼마나 참된 인간다움을 보였는가를 알려 줄 필요도 있습니다. 여기서 '인간다움'이란 기본적인 선함과 이해심, 남을 위해 봉사할 수 있는 사랑과 배려, 그리고 한 가지 목표를 설정하고 앞으로 나아갈 수 있는 의지와 용기를 말합니다. 성취라는 결과보다는 성취하기 위한 과정을 보여 주고, 사회적인 성공보다는 한 인간으로서 얼마나 자기 자신에게 철저하고 진실했는지를 보여 주는 것이 중요하다는 것입니다.

 하지만 아무리 좋은 가르침도 사랑과 따뜻함이 없으면 억누름과 상처가 될 뿐이겠지요. 「새싹 인물전」은 나의 노력과 의지에 따라 얼마든지 의미 있는 삶을 살 수 있음을 알려 줍니다. 내가 알고 있는 삶 외에도 또 다른 삶이 존재할 수 있다는 것, 꿈을 키우고 이루어 가는 과정에서 배우고 경험하게 되는 것들의 가치, 그런 따뜻함을 담고 있는 위인전입니다. 부디 이 책이 삶의 첫발을 내딛는 아이들에게 좋은 길잡이가 되었으면 하는 바람입니다.

기획 위원

박이문(전 연세대 교수, 철학)
장영희(전 서강대 교수, 영문학)
안광복(중동고 철학 교사, 철학 박사)

● 사진 제공
48~50쪽, 51쪽(왼쪽), 52쪽_ 토픽 포토 에이전시.
51쪽(오른쪽), 53쪽(위)_ 두산 엔싸이버. 53쪽(아래)_ 연합 뉴스.

글쓴이 **에마 피시엘**
어린이 책 작가이다. 지은 책으로『마하트마 간디』,『로버트 스콧』,『셰익스피어』,
『몰리의 마법 카펫 Molly's Magic Carpet』,『나의 유령 선생님 My Teacher the Ghost』
등이 있다.

그린이 **피터 켄트**
글도 쓰고 그림도 그리는 어린이 책 작가이다. 작품으로『토머스 에디슨』,『헨리
포드』,『모차르트』등이 있다.

옮긴이 **이민아**
이화 여자 대학교 중문과를 졸업하고 전문 번역가로 활동하고 있다. 옮긴 책으로는
『도시』,『사이언스 코믹스 : 비행기』,『에디 디킨스와 황당 가족의 모험 1, 2, 3』,
『모차르트』등이 있다.

새싹 인물전 **나이팅게일**
022

1판 1쇄 펴냄 2009년 9월 4일   1판 11쇄 펴냄 2020년 5월 22일
2판 1쇄 펴냄 2021년 5월 28일   2판 3쇄 펴냄 2024년 1월 18일

글쓴이 에마 피시엘   그린이 피터 켄트   옮긴이 이민아
펴낸이 박상희   편집장 전지선   편집 이지은   디자인 박연미, 지순진
펴낸곳 **(주)비룡소**   출판등록 1994.3.17. (제16-849호)
주소 06027 서울시 강남구 도산대로1길 62 강남출판문화센터 4층
전화 02)515-2000   팩스 02)515-2007   홈페이지 www.bir.co.kr
제품명 어린이용 각양장 도서   제조자명 **(주)비룡소**   제조국명 대한민국   사용연령 3세 이상

ISBN 978-89-491-2902-0 74990
ISBN 978-89-491-2880-1 (세트)

「새싹 인물전」 시리즈

- 001 **최무선** 김종렬 글 이경석 그림
- 002 **안네 프랑크** 해리엇 캐스터 글 헬레나 오웬 그림
- 003 **나운규** 남찬숙 글 유승하 그림
- 004 **마리 퀴리** 캐런 월리스 글 닉 워드 그림
- 005 **유일한** 임사라 글 김홍모·임소희 그림
- 006 **윈스턴 처칠** 해리엇 캐스터 글 린 윌리 그림
- 007 **김홍도** 유타루 글 김홍모 그림
- 008 **토머스 에디슨** 캐런 월리스 글 피터 켄트 그림
- 009 **강감찬** 한정기 글 이홍기 그림
- 010 **마하트마 간디** 에마 피시엘 글 리처드 모건 그림
- 011 **세종 대왕** 김선희 글 한지선 그림
- 012 **클레오파트라** 해리엇 캐스터 글 리처드 모건 그림
- 013 **김구** 김종렬 글 이경석 그림
- 014 **헨리 포드** 피터 켄트 글·그림
- 015 **장보고** 이옥수 글 원혜진 그림
- 016 **모차르트** 해리엇 캐스터 글 피터 켄트 그림
- 017 **선덕 여왕** 남찬숙 글 한지선 그림
- 018 **헬렌 켈러** 해리엇 캐스터 글 닉 워드 그림
- 019 **김정호** 김선희 글 서영아 그림
- 020 **로버트 스콧** 에마 피시엘 글 데이브 맥타가트 그림
- 021 **방정환** 유타루 글 이경석 그림
- 022 **나이팅게일** 에마 피시엘 글 피터 켄트 그림
- 023 **신사임당** 이옥수 글 변영미 그림
- 024 **안데르센** 에마 피시엘 글 닉 워드 그림
- 025 **김만덕** 공지희 글 장차현실 그림
- 026 **셰익스피어** 에마 피시엘 글 마틴 렘프리 그림
- 027 **안중근** 남찬숙 글 곽성화 그림
- 028 **카이사르** 에마 피시엘 글 레슬리 뷔시커 그림
- 029 **백남준** 공지희 글 김수박 그림
- 030 **파스퇴르** 캐런 월리스 글 레슬리 뷔시커 그림
- 031 **유관순** 유은실 글 곽성화 그림
- 032 **알렉산더 벨** 에마 피시엘 글 레슬리 뷔시커 그림
- 033 **윤봉길** 김선희 글 김홍모·임소희 그림
- 034 **루이 브라유** 테사 포터 글 헬레나 오웬 그림
- 035 **정약용** 김은미 글 홍선주 그림
- 036 **제임스 와트** 니컬라 백스터 글 마틴 렘프리 그림
- 037 **장영실** 유타루 글 이경석 그림
- 038 **마틴 루서 킹** 베르나 윌킨스 글 린 윌리 그림
- 039 **허준** 유타루 글 이홍기 그림
- 040 **라이트 형제** 김종렬 글 안희건 그림
- 041 **박에스더** 이은정 글 곽성화 그림
- 042 **주몽** 김종렬 글 김홍모 그림
- 043 **광개토 대왕** 김종렬 글 탁영호 그림
- 044 **박지원** 김종광 글 백보현 그림
- 045 **허난설헌** 김은미 글 유승하 그림
- 046 **링컨** 이명랑 글 오승민 그림
- 047 **정주영** 남경완 글 임소희 그림
- 048 **이호왕** 이영서 글 김홍모 그림
- 049 **어밀리아 에어하트** 조경숙 글 원혜진 그림
- 050 **최은희** 김혜연 글 한지선 그림
- 051 **주시경** 이은정 글 김혜리 그림
- 052 **이태영** 공지희 글 민은정 그림
- 053 **이순신** 김종렬 글 백보현 그림
- 054 **오드리 헵번** 이은정 글 정진희 그림
- 055 **제인 구달** 유은실 글 서영아 그림
- 056 **가브리엘 샤넬** 김선희 글 민은정 그림
- 057 **장 앙리 파브르** 유타루 글 하민석 그림
- 058 **정조 대왕** 김종렬 글 민은정 그림
- 059 **나폴레옹 보나파르트** 남찬숙 글 남궁선하 그림
- 060 **이종욱** 이은정 글 우지현 그림

061	**박완서**	유은실 글 이윤희 그림
062	**장기려**	유타루 글 정문주 그림
063	**김대건**	전현정 글 홍선주 그림
064	**권기옥**	강정연 글 오영은 그림
065	**왕가리 마타이**	남찬숙 글 윤정미 그림
066	**전형필**	김혜연 글 한지선 그림
067	**이중섭**	김유 글 김홍모 그림
068	**그레이스 호퍼**	박주혜 글 이해정 그림

* 계속 출간됩니다.

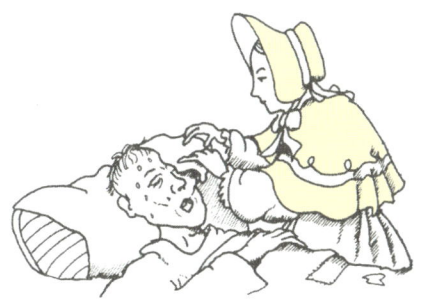